AF509284

RESPONCE

D'VN GENTIL-HOMME

Navarrois a la lettre d'vn Seigneur de Marque, sur l'vnion du Royaume de Nauarre & Souueraineté de Bearn, à la Couronne de France.

A PAV.

M. DC. XVII.

3

REPONCE D'VN GENTIL-
homme Nauarrois, à la lettre d'vn
Seigneur de Marque, sur l'vnion du
Royaume de Nauarre & Souuerai-
neté de Bearn, à la Couronne de
France.

MONSIEVR,

MIe receus parthier celle
qu'il vous a pleu m'escrire
sur l'vnion de la Nauarre
& Bearn à la France; Sur-
quoy voulut Dieu que ie peusse aussi bien
escrire de mes pleurs, comme ie pleure en
escriuant. Ie vous diray Monsieur, à paroles descousuës & entrecouppées, que tout
ce que les Rois font doit estre iugé bien
fait: Ce sont nos Dieux en terre, & par
consequent nos Oracles, mais si la liberté
de parler n'est point criminelle; voire si celuy qui parle librement tesmoigne son
innocence; ie ietteray en vne si importan-

A ij

te occasion ces souspirs innocens, croyant que la liberté que ie me donne, est l'ordinaire liurée de la fidelité que i'ay tousiours renduë au seruice de mon Roy.

L'Empereur Charles, V. deffiant le Roy François premier, par vn cartel presque autant long de tiltres que de substance, eust sa responce en peu de paroles, mais aggrandie par le courage du Roy, quoy que soubs le seul tiltre de Roy de Gentilly. Ce n'estoit pas au sens que les Anglois appelloient Charles VII. Roy de Bourges, Car ce grand Monarque ne se monstra pas seulement François de nom & de courage, n'y Roy de Gentilly, mais Prince de plusieurs peuples inuincibles, & qui tindrent bon contre toutes les puissances de l'Europe. Ce n'estoit pas aussi pour diminuer ces diuers titres & marques d'hō neur qui rendent la Couronne Françoise, tant illustre & renōmée pour tant de grandes & diuerses seigneuries, dont elle se sert auiourd'huy, comme de glorieux & honorables fleurons pour la dignité & la Majesté de ses fleurs de Lis. Mais c'estoit pour faire vn fy, de la fastueuse & intollerable vanité de l'Espagne qui vouloit paroistre à l'Europe plus redoutable en papier, qu'en

espées & en puissances : aussi non par les
eslans d'vne desreiglée ambition, mais par
les iustes & ordinaires loix d'honneur, plusieurs braues & genereux Princes desirent
faire veoir au monde, non seulement ce
qu'ils ont, mais ce que leurs ancestres ont
eu de parrage en ceste glissante fortune du
monde, & de fait auiourd'huy encores les
vns s'intitulent Rois de Ierusalem, les autres Princes d'Antioche, de Tyr, &c. plus
pour monstrer le lustre de leurs predeces-
seurs soubs l'inconstance de la fortune,
que pour croire qu'il y puisse auoir rien de
forme & de constant contre ceste inconstance : Les Papes mesmes par vne ambition ou jalousie mondaine se forgent des
Patriarches de Ierusalem, d'Antioche, de
Constantinople,&c.quoy que ce ne soient
que des ombres dont le Turc nous retient le corps. Ainsi Henry III. quittant
la Pologne, n'en quitta iamais le tiltre, &
ainsi les Venitiens quoy que dépouillez du
Royaume de Cypre croyroient redoubler
la honte de leur perte, s'ils abbatoient les
armoiries grauées en l'vne des trois co-
lomnes qui se voyent au deuant de leur
temple Sainct Marc : Bref il n'y a auiour-
d'huy cadet de fortune qui ne se donne

autant de qualitez qu'il a de maisons. Et
vn Roy de France le plus redoutable, le
plus glorieux Roy des peuples Chrestiẽs,
voudroit-il enterrer & enseuelir ceste
tant releuée & glorieuse couronne de Nauarre, comme s'il n'auoit le droict, ny le
courage, d'estre Roy de Nauarre & de
France tout ensemble?

Ouy la Nauarre, & en si important sub-
iect, ie suis obligé de luy donner le deuant
sur la France: Car si par le tranchant de
l'espée du Roy dernier deffunct, duquel
nous ne pouuons nous souuenir sans soirs-
pirer, ny parler sans larmoyer, ouy si par
la guerriere valeur d'vn Roy de Nauarre,
la France abismée dans ses confusions, & à
demy Espagnolle a esté releuée du pen-
dant de sa ruine, ne peut-on pas plus legi-
timement dire que la France est Nauarroi-
se; que non la Nauarre Françoise?

Ie sçay, Monsieur, qu'au cours du monde, le plus grand attire le moindre: Mais
pour cela la France & la Nauarre ayant fait
vne belle & glorieuse alliance de fortune
la romrpons nous par vne monstrueuse &
plus que prodigieuse vnion, qui englou-
tissant la Nauarre, & ly faisant perdre ce
tiltre & nom glorieux de Royauté, ne

7

fera plus alliée de la France, mais fa fer-
ue & fon efclaue, & non plus Nauarre,
non plus Royaume, mais vne chetifue
& captiue Prouince priuee detoutes fes
loix, priuileges & libertez ? Et comme le
premier-mobile contre le cours naturel
des Planettes, les emporte par fon cours
violent d'Orient en Occident, la Nauarre affocié à la France, de l'Orient de fa
plus belle & haute fortune, fera-elle forcé-
ment trainée en l'Occident & decadence
de fa grandeur, & la France fe rendra-elle
femblable, à cefte gourmande plante, qui
gafte & confomme toutes les herbes d'au-
tour d'elle?

Il en va, des Rois qui rauallent leur authorité, comme du Soleil qui declinant
vers fon hypogee perd la plus part de fa
force & vigueur; Et quel plus grand rabais
de grandeur, que de reduire vn Royaume
en Prouince, au lieu que les autres taf-
chent de leurs Prouinces faire des Royau-
mes? Ioint que la Tiare des Roys de Perfe,
& les Mithres des Papes, tefmoignent bien
qu'il y a de la gloire & de l'honneur à porter plufieurs couronnes ; Auffi n'a garde
que l'Efpagnol confonde, & pefle-mefle
fes diuerfes Royautez, & l'Empereur Ro-

dolphe, quoy que releué fur la premiere
dignité des peuples Chreftiens, marque
auffi la grandeur de fa fortune, par fes
beaux & glorieux tiltres de Roy de Hon-
grie & de Boheme; d'ailleurs s'il eft beau
que celuy qui doit fucceder aux fleurs de
Lis, foit obligé de porter le tiltre de Dau-
phin de Viennois, quelle plus luftrueufe
& honorable obligation feroit-ce au premier fils de France que de porter le nom
de Roy, & Roy d'vn fi illuftre & ancien
Royaume que la Nauarre?

La nature par diuers progrez, meine
toutes chofes à leur perfection, & point
par point à leur decadence. Mais icy d'vn
coup, & d'vn coup tout feul, on veut de-
molir & deftruire vne Royauté, ouurage
de plufieurs fiecles, & le quatriefme honneur, la quatriefme Pyramide de la Chreftienté; que fi les nouueautez en vn Eftat,
font comme l'alteration des humeurs en
vn corps, qui gaftent & ruynent fa fanté,
auons nous à rien efperer que mifere &
defolation d'vn Eftat qu'on difforme en le
transformant, par vne fi inouye & eftran-
ge nouuelleté, que nos enfans pourront
bien dire d'vne voix, finon douloureufe,
pour le moins honteufe, Icy ou iadis eftoit ce

tant

rant ancien & glorieux Royaume de Nauarre? Car
de croire qu'on s'arreste à ce seul nom d'v-
nion, ce seroit vne creance d'enfans, Her-
cules ne fuft pas enfanté en vne nuict, &
les grands affaires se font piece à piece, &
au menu: Ainsi peu à peu on s'en prendra
aux loix & à la iustice, on renuersera les libertez, on fera chemin aux daces, aux sub-
sides & impositions, bref nous viurons
comme si auec les Antipodes, & soubs vn
ciel nouueau; & par vne metamorphose,
& contre-naturel changement, de Nauarrois nous deuiendrons François, honteu-
sement & auec ignominie soubs la ruyne
& les cendres de noftre ancien & illustre
Royaume, les chaisnes duquel nous e-
stoient armoiries de pleine & heureuse liberté, mal-heureux sur tout en deux cho-
ses, l'vne que l'Espagnol affidé ennemy de
la France, a donné le premier coup à nostre ruyne, l'autre que le François noftre
nouueau associé nous desmembre tellement, qu'il ne se trouuera plus rien de la
Nauarre, qu'en la France, & en l'Espagne?

Quelqu'vn de ces nouuelleurs, dira, que
le Roy se trouue griefuement glorieux en
ce nom redoublé de Roy, & qu'en conser-

B

uant ces deux tiltres, il se maintiendra en ceste double gloire ; Ouy, mais si la forme de gouuernement, si les loix, si les coustumes & priuileges, bref si tout l'ordre ancien est renuersé & aboli, ou est l'Estat, que souz les mazures de l'Estat ? Et si perdu, aquoy ce tiltre de Roy de Nauarre? Car ne vaut il pas mieux auoir la chose sans son nom, que son nom sans elle ? D'ailleurs si le Roy & le Royaume sont correlatifs, le Royaume perdu, que sera deuenu le Roy, & nous voudroit on obliger à faire comme ces pauures Egyptiens, qui ayans mangé leur Dieu Apis, alloient crians & hurlans le long du Nil pour en trouuer vn autre semblable ?

Et voila les premiees & les premiers fruicts de ceste belle & nouuelle Vnion, qui vrayement ne seruira qu'a des-vnir nos cœurs, & renouueller la funeste memoire de ces deux freres Thebains, qui bruslez dans vn feu monstrerent tellement en leur mort leur immortelle haine, que le feu mesmes qui les brusloit se partist & separa en deux, Ioint que par ie ne sçay quel instinct naturel, le François honnore plus son Roy, comme Roy de France que de Nauarre, & le Nauarrois plus comme Roy de

11

Nauarre que de France, mefme iadis les
Macedoniens fe defpitoient, quand leur
grand Roy conquereur de toute l'Afie
s'habilloyoit à la Perfienne, eft-ce donc-
ques le moyen d'vne vraye & fincere
Vnion, de vouloir non pas feulement faire
chãger d'habits, mais de loix, de couftumes
& de priuileges, voire d'engloutir vn
Royaume par vn Royaume, comme s'il
n'eftoit pas plus honnorable, plus glorieux
à vn Roy de France de paroiftre aux yeux
de toute la Chreftienté a double qu'a fim-
ple couronne?

D'ailleurs, comment pourroit on mieux
releuer le fourcil de l'Efpagnol, qu'en fai-
fant voir aux hauts Nauarrois que tout à
fait on luy fait place, & qu'en nous vniffant
à la France, on veut fous vn fecret & plus
honteux que fecret partage, enfeuelir par-
mi nous la memoire de la Nauarre, mais
pluftoft faire reuiure par toute l'Europe,
la honte de la France qui n'a le courage
comme la force, de retirer des ongles du
lion ce qu'il nous retient, genereux lion à
faute de noftre courage?

Bien plus encores en ce courroux du
Ciel contre nous, en cefte difgrace de fortune, & au deplorable traittement qu'on

nous veut faire, quel plus plaufible argu-
ment aux hauts Nauarrois jadis nos com-
patriortes, qu'elle plus riante occafiô pour
allumer des feux de joye en leurs cœurs, &
pour en toute ioye & allegreffe s'eſcrier;
Nous eſtions perdus s'y *nous* n'euſſions eſté
perdus?

Outre cela ſi vnis de cœurs & d'affection
à la France, ſi n'ayans affection ny cœurs
que pour le ſeruice de noſtre commun
Roy, qu'elle plus eſtroitte & Gordienne
liaiſon, qu'elle plus belle Vnion que celle
de nos cœurs & de nos affections? Si par
l'Antiquité & authorité de l'hiſtoire, cha-
cun ſçait que les Gaules touchent du Pied,
le pied des Pyrennees, qu'elle autre Vnion
veut-on que l'ancienne? & puis que ſi join-
ctement vnis, terre, à terre, cœurs à cœurs
& auec telles barrieres de la nature entre
nous & l'Eſpagnol? qu'elle autre meilleure
Vnion?

Que ſi on forge ces nouueaux conſeils
ſur des apprehenſions de mauuais augure,
& qui ne deuroient iamais tomber en ame
courageuſement Françoiſe, tant s'en faut
eſtre dites & moins publiees; Eſt-il honnorable à la France de rien craindre, quand
meſmes le Ciel crouleroit? Eſt-ce à vn cou-

B

rage releué de se perdre sous vn mal cer-
tain, par l'apprehension d'vn mal incer-
tain, & se creuer les yeux de crainte qu'vn
autre ne les y creue à l'aduenir ? Mais la
France n'a que trop, & trop de tranchantes
espees pour aceuler l'ambition, & arrester
que souz quelque droit ou pretexte que
ce fust, autre grandeur ne paroisse au deça
les monts, nó plus qu'vn poste au dessus de
la France.

Voila, Monsieur, non les paroles, mais
les soúspirs que ma douleur jette sur ces
funestes nouueautez; Ouy vrayement funestes puis qu'elles n'arriuent que pour enseuelir, tout ce qu'il y auoit de beau &
d'Ancien en c'est Estat, funestes à nostre
Roy, car en effect il perd vne couronne;
funestes à la France : car elle ruine sa voy-
sine ancienne, & sa nouuelle associee ; funestes à nous tous. Car elles renuersent
nos loix & nos coustumes ; nos priuileges
& libertez; funestes à toute la Chrestienté;
car la Nauarre son quatriesme Colysee, &
l'vne des Pyramides plus releuees, tombe
& se dissipe en diuerses pieces , & d'vn glorieux & fleurissant Royaume Chrestien,
se separe & diuise en pauures & chetiues
Prouinces ; Bref si ie l'ose dire, funestes au

Ciel : car les Couronnes font faictes de la main de Dieu, & les hommes fans facrilege ne les peuuent rompre, ny brifer, mais pluftoft elles deuroient eftre comme les eftoilles du firmament, qui ne changent iamais de place, qu'auec le mefme Ciel.

Que s'il n'y a nul remede contre ce mal courant, & qu'il faille que cefte Royauté meure, & que cefte couronne tombe, monftrons nous Roys fur noftre infortune, couronnons nous de conftance, comme fi la Royauté deuoit eftre rauiuée par nos courages, & la couronne releuee par la fidelité, que iufques icy nous auons portee & porterons toufiours au feruice de fa Majefté, laquelle Dieu vueille tenir en fa garde & protection, & à moy en l'honneur de voftre bien vueillance, comme celuy qui fuis fans aucun changement, &c. de Sainct Palais le 20. Ianuier 1617.